HAPPY
VALENTINE'S
DAY

BONNE
FÊTE
MAMAN

Je t'aime
maman

Je t'aime

I
LOVE
YOU

I ♥ DAD

I Loved you Yesterday

I Love You still

I Always have...

I Always Will

I LOVE MY DADDY

Live Well
Laugh Often
Love Much
coloriage.info

Loving You
Always

© LOOK@T BV

I LOVE YOU DARLING

GROS
COMME ÇA

SAINT VALENTIN

Saint
Valentin

VALENTIN

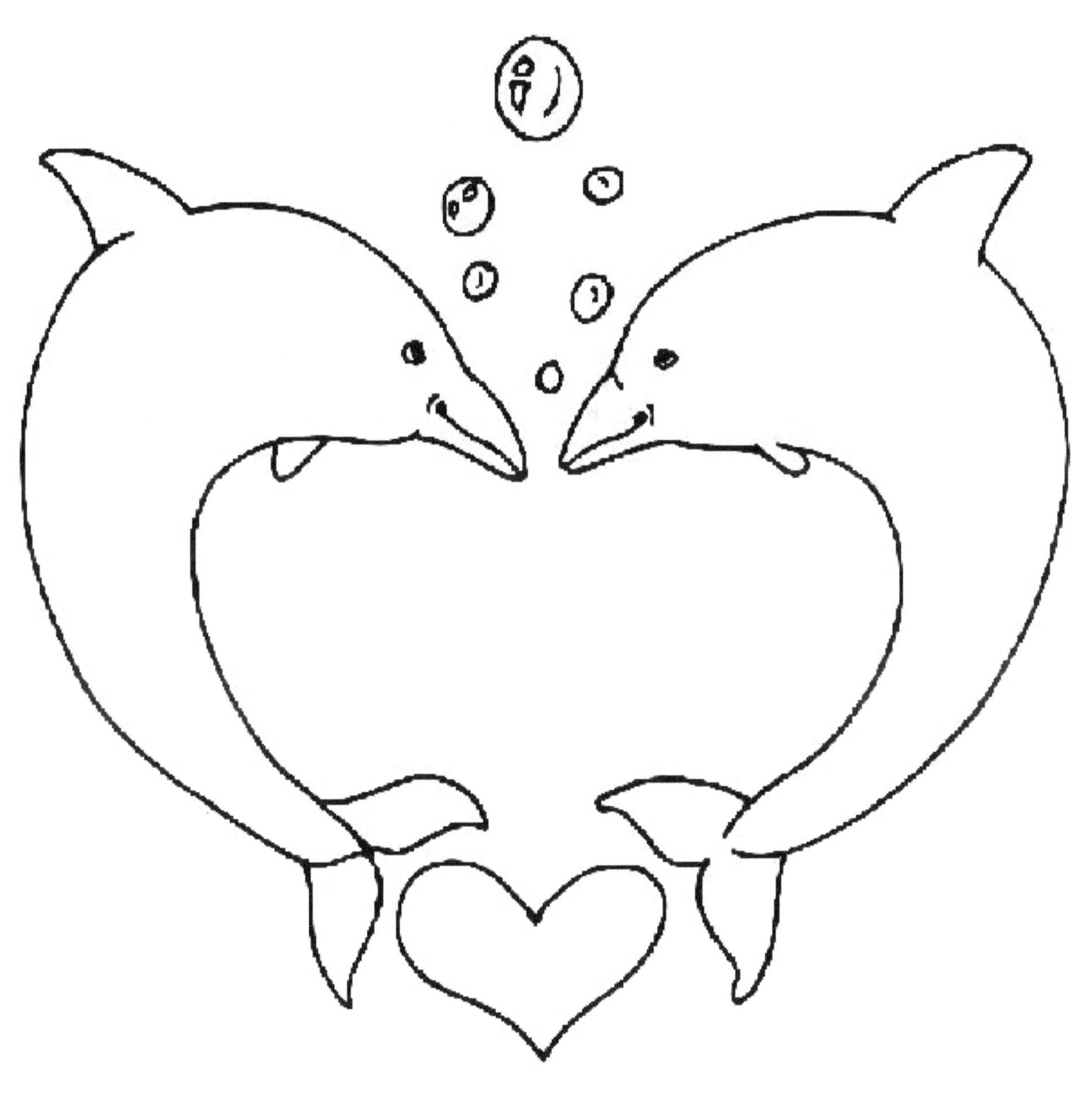

Be   My
Valentine

I Love
You

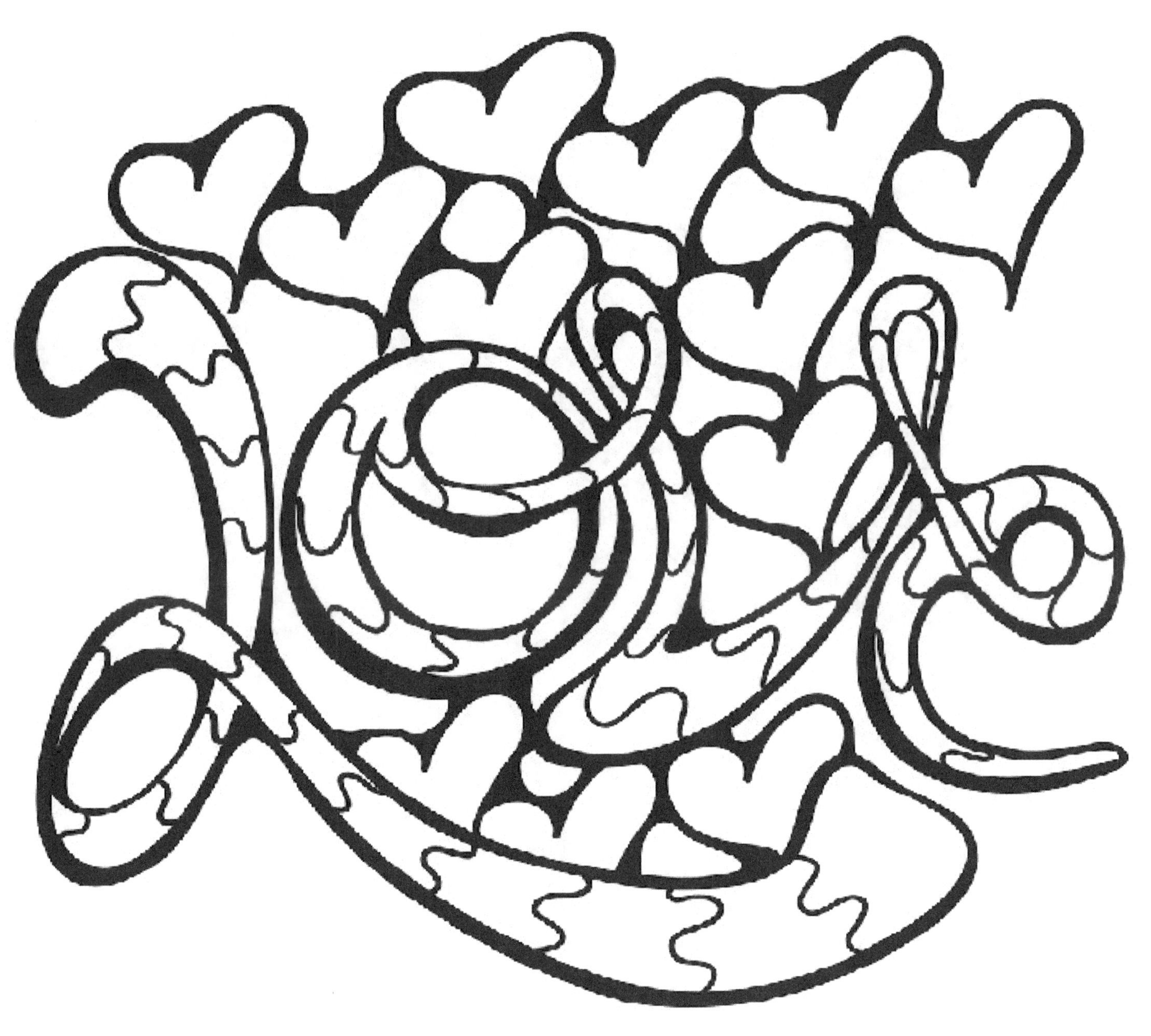

I Love You

HAPPY
VALENTINE'S
DAY

Happy Valentine's Day!

I LOVE YOU
DADDY

Happy Valentine's Day!

HAPPY VALENTINE'S DAY

HAPPY
VALENTINE'S DAY

Happy Valentine's Day!

LOVE

sweet heart
monkey LOVE
be mine